सड़क पर चुपचाप

(कविता-संग्रह)

वाणी प्रकाशन
नयी दिल्ली-110002

सड़क पर चुपचाप

प्रभात त्रिपाठी

ISBN 81-7055-719-4

वाणी प्रकाशन
21-ए, दरियागंज, नयी दिल्ली-110002
द्वारा प्रकाशित

प्रथम संस्करण : 2000

शुभम् ऑफसेट, दिल्ली-110032
द्वारा मुद्रित

मूल्य : 100.00 रुपये

SADAK PAR CHUPCHAP
by Prabhat Tripathi

अक्षय उपाध्याय के लिए

क्रम

प्रार्थना

शायद झरने के वक्त
ईश्वर की प्रार्थना है
यह कविता
और कुछ नहीं

और कुछ नहीं
तारों से पटे
आकाश के सिवा
जो समुद्र के नीले-सा
व्याप्त है आक्षितिज

शायद और कुछ नहीं
नीले के नीचे बने
इस घर के सिवा
जहाँ से गुजरा
वो निर्गुण निराकार
अभी, ऐन अभी

सगुण साकार
हरसिंगार के पास
घास पर लेटा एक आदमी
सतृष्ण निहारता आसमान को
करता इन्तजार

घर ले जानेवाली
आखिरी ट्रेन का

शायद मरने के वक्त
घर की कामना है
यह कविता
और कुछ नहीं

कविता का विषय

आज की कविता का विषय है ठण्ड
जो दुबकी है मेरे पुलोवर के नीचे
पैन्ट की जेब में
हथेलियों, उँगलियों की पोरों में
इत्मीनान से,

मेरी है ठण्ड
दूसरों की
दूसरों के पास होगी
सामने जल रही होगी गोरसी
पुलोवर से दूर

अखबार के साँय-साँय सुनसान में
छोटे-छोटे अक्षरों में छपेगी
दूसरों की
ठण्ड से मरने की खबर

आज की कविता का विषय है खबर
जो नहीं छपी किसी अखबार में
और अगर छपी तो
किसी ने नहीं पढ़ी

किसी ने नहीं लिखी
खबर की कविता
सुनकर लोग चले गए
अपने हिस्से की आग तापकर
अपने घर

आज की कविता का विषय है
सबसे पहले नींद
और आग
और ठण्ड
किसी ने नहीं लिखी
मैंने तो बिलकुल ही नहीं

अकेला वृक्ष

याद नहीं आता
एकदम अकेला वृक्ष
और दूर-दूर तक
रेतीली निर्जनता
देखी हो मैंने कभी

पर घर आकर यही लगा मुझे

सपना नहीं था
अकेले वृक्ष का यह बिम्ब
सच भी नहीं था

सोचो तो
सिर्फ एक खयाल
जो उड़कर चला जाएगा
कहीं दूर
चिड़िया बने बगैर

जैसे चला जाता हूँ मैं
कमरे में बैठे-बैठे
किसी अकेले वृक्ष के पास
जो पता नहीं कहाँ है
समूचे जंगल से परे
किसी झूठे सुनसान में

हमारे हाथ

हमारे हाथ खून से रँगे हैं

एकान्त में सुनते हैं हम
अपनी आत्मा की पदचाप
विरलाते विन्यास में पेड़
हमें मन-ही-मन सरापते हैं
जंगल के बचे-खुचे जानवर
हमारे जागने की दहशत में काँपते हैं
चिड़ियाएँ निरन्तर सुबकती रहती हैं
हमारे स्वप्न में

हम चौंककर देखते हैं अपना अँधेरा
और एक छलाँग मारकर
पहुँच जाते हैं अपने स्वर्ग में
हम बाँचते हैं
देवसृष्टि का अनोखा इतिहास
और तुरत वापिस आ जाते हैं
बर्बरता के इहलौकिक क्षण में

अपने मदान्ध विस्मरण में
हम अपमानित करते हैं
स्त्री के सौन्दर्य को
उसके स्तनों को

उसके हृदय को

हमारे हृदय में घिरती है
एक गहराती काली रात
और उस अँधेरे में हम देखते हैं

हमारे हाथ खून से रँगे हैं

कभी-कभी अचानक

लुप्त हो गया वह शहर
जहाँ मैं रहता था,
खण्डहर हैं
जो सिर्फ इतिहास बता सकते हैं
सभ्यता के उत्थान और पतन का

मैं नहीं आया था
इतिहास जानने के लिए
इस पेड़ के नीचे

चूल्हे की नन्ही-सी लपट
मुझे खींच लाई, यहाँ तक

रात की गाढ़ी खामोशी में
देखी मैंने वो जगह

एक औरत
और एक कमजोर लपट के अलावा
वहाँ और क्या है ?

वृक्ष था खूब घना, छतनार
सदियों पुरानी मिट्टी
पत्थर का चूल्हा

आसमान के चमचमाते तारे

लुप्त हो गया वो शहर
बची रह गई है
सिर्फ तारों की चमक
वहाँ मैं रहता हूँ
कभी-कभी अचानक

शब्द

जो शब्द याद आया
वो नहीं था तस्वीर
गोता लगाया मैंने दुबारा
पानी के भीतर
आँख खोलकर
खोजने लगा तट का चेहरा

आएगा कोई हाथ
धीरे-धीरे तैरता
आकर कहेगा
पकड़ लिया

खेल खत्म होने पर
दिखेगा राजा का महल
काले पत्थर के करीब रखीं
चिथड़ी चड्डियाँ

मंजन करते बुजुर्ग
छुन्नी छूते छोटे बच्चों को
सूख चुकी नदी की रेत से
निकालकर
बनाऊँगा जब एक मुकम्मल तस्वीर
तब पास नहीं होगा
कोई महान काव्यमय शब्द

वहाँ भी

वहाँ भी घिरती होगी रात
जहाँ मैं नहीं हूँ

उस अदृश्य को देखना
अभी एक मकान है

कभी यहाँ चारों तरफ जंगल थे
भालू आते थे केवड़ाबाड़ी तक
पानी पीने
चावल रुपए का पन्द्रह सेर था

कहनेवाले लोग न भी होंगे
पर उनकी स्मृतियाँ
बरसाती बतरकीरियों की तरह
उड़ती होगी
रौशनी के गिर्द

बत्तियों से चमकते मकानों
और गलियों के गप्पी हृदय में
अकस्मात छिड़ गई होगी बहस
जिसका कोई विषय न होगा

सिर्फ फुर्सत की एक लम्बी रात
घिर रही होगी
उनके उदास मन में

वहाँ मैं नहीं हूँ, शायद।

गाड़ीवान

सुबह-सुबह रेत की लदनी लिये
सँकरी गली से गुजरता गाड़ीवान
वोटर है
और मैं भी

मेरे जगर मगर संसार में
सुबह महज फिक्र है
रात तक पहुँचने के
ऊबड़खाबड़ रास्ते की

और वह बेघर
बेफिक्र बढ़ रहा है इस पल
मतदान के समय से बाहर
नदी तट की राह पर

काम के हर अर्थ से भरा
उसका काला शरीर
चमकता है
धूप में
दमकता है मुख
शान्त और निर्विकार

उसका कर्म, उसका धर्म है
जिसकी खरीद-बिक्री के लिए
मैं लिखता हूँ इतिहास

उसकी भूख और प्यास से
कोसों दूर
बिस्तर की मुलायम वहशत में
भूलकर अपनी कामना
अपनी प्रार्थना
और अपनी हरामखोरी की
अनगिनत कथाएँ
मैं लिखता हूँ इतिहास
और कहता हूँ
राजा के कान तक
आप इसे पहुँचाएँ
ताकि वह भी सुने, प्रजा का दुख

धूप में दमकता वो मुख तो
न राजा के भाग में है
न उसके दलाल के

यों वह वोटर है
और मैं भी
दोनों की उंगलियों में
काली स्याही का निशान
दोनों के पास
अपना-अपना सुनसान

और मकान ?
छोड़ें यह लफड़ा, घर चलें

नाश्ते के बाद फुरसत से सोचेंगे
आखिर कहाँ है
उस गाड़ीवान का मकान
जो सुबह-सुबह
गुजर रहा है मेरी गली से
लदनी लिये रेत की

दिमाग

दिमाग के खेत में उगती है कौन सी फसलें
या कारखाने में बनती हैं कितनी चीजें ?

जरा सी बात का बतंगड़ बनाते
दिमाग की पेंच के लिए
चाहिए एक पेंचकश
सोचकर मैंने चुप किया
खयाल की बेशऊरी को
घड़ी के बगैर भी जाना मैंने
समय नहीं हुआ है
असल और अन्तिम नींद का

सारी फसलें
या तैयार की गई चीजें
अचानक अन्त के इन्तजार में
तैंतीस करोड़ देवताओं की तरह
वेश बदलती रहती हैं
दिमाग की सैकड़ों क्यारियों के भीतर

आज अगर दो पत्तियोंवाली देसी साग के
अंकुर हैं
तो कल पूरे बेशरम पर
इत्मीनान से छाती हुई अमरबेल

सूखी लॉन पर सूनी कुर्सी के बाद
काले कोसों की कठिन यात्रा में हाँफता
नींद की एक बूँद को तरसता
जागता सारी रात
एक आदमी
सोचता है दिमाग से
सिर्फ सोचता है।

कृतज्ञता

कहीं जाना नहीं है इस नदी को
इसी तरह खेलते रहना है
झिलमिल करती रौशनी के साथ
एक दिन साथ रहेंगी
झरी हुई पीली पत्तियाँ
एक छोटी डोंगी होगी
सूर्य को अंजलि देता कोई
पुरातन पुरुष
नन्ही लहर की तरह कोई आवाज

गन्ध से भर जाएगी
सुबह की प्रार्थना
कलरवों के संगीत में डूबा
वह समय
मायावी ईश्वर की तरह रचेगा
अनोखा जादू

नदी में बहता हुआ कोई पुरातन पुरुष
याद करेगा देहलता का अपार्थिव पुष्प
उसकी आराधना में
फिर एक नया गीत होगा
कृतज्ञता का

महकता अँधेरा

हैरत की दुनिया के भीतर
कोई स्वर
महकते अँधेरे से उभरा
किसी वृक्ष का रूप धरकर

तो वह भी रुका
रोशनी से अलग हो
झुका, झुकती शाखों के नीचे
झरे पीले पत्तों के ऊपर
पड़े पाँव उसके

किसी ने पुकारा नहीं था
मगर क्यों
वो सुनता रहा नाम अपना
दुहरते
दिशाओं में उड़ती अजब धूल ने
आँख के पास आकर
दिखाया उसे रंग धूसर समय का

तो हैरत की दुनिया के भीतर
हवा-सी
कोई चीज
उसके बदन भर टहलती

बनाने लगी एक तस्वीर मन की

वहाँ वह
नहाने को उतरी नदी में
बढ़ा जल अचानक
हुई जमके बारिश
वो महुए के नीचे
रहा देखता
रात भर उसकी लीला

कभी काले पत्थर को गाना सुनाती
कभी नीले जल को हृदय से लगाती
कभी झरते केशों के मोती से रचती
रचती सितारों की झिलमिल में
बिलकुल अचानक
किसी स्वप्न के टूट जाने की गाथा

वो हैरत की दुनिया से बाहर निकलकर
सुलगती हुई एक वीरानगी में
सिसकती हुई रेत पर चल रही थी
गरमी की दुपहर के तपते शहर में
ये उसका सफर
अब भला क्यों है जारी
यही उसने पूछा
तो जाने कहाँ से
कोई स्वर उड़ा
और उड़ाकर उसे
लाके पटका यहाँ
एक कमरे के घर में
वहाँ कोई हैरत न थी

बस हकीकत
गरमी की दुपहर की खटिया पे लेटी
किसी एक किस्से से मिलने को व्याकुल
कभी रो रही थी कभी
कभी गा रही थी

जल था बूँद भर

हथपंखे की पोंगली को
साबुन के झाग में डुबोकर
उसने फूँका

रंगीन फुग्गा फूला
हवा में नाचता रहा दो पल
और फिर छितर गया

बुलबुले के खेल खत्म के समय
जल था बूँद भर
नीचे जमीन पर

सड़क पर चुपचाप

थम गई बारिश
जलडूबे आँगन के
किसी शान्त कोने से
हँसता है एक सफेद फूल
पल भर पहले के समय की याद में
हिलती है उसकी पँखुरी पर टिकी बूँद
सिहरता है शरीर
पल भर पहले की याद में
घुलता है इतिहास
फिर बहता है
मटियाले पानी-सा
सड़क पर चुपचाप

केवल शक्ति

शहर से दूर था स्टेशन
स्टेशन से दूर श्मशान
श्मशान से दूर था खेत
खेत से दूर पहाड़
उसी पहाड़ में एक मन्दिर था

मन्दिर से दूर थे भगवान
आसमान के किसी कोने में दुबके
देख रहे थे
अपनी पूजा का साजो सामान
और सामान से दूर थी भक्ति

शक्ति
केवल शक्ति
केवल शक्ति की साधना में चूर
पीठासीन महन्त

दौड़ाते हुए अपना रथ
सदियों की प्यास के सीने पर
लिख रहे थे इतिहास
लोकतन्त्र का

रेत

दीवार छबाई को
आई रेत
अभी कल तक
हृदय थी जल का

और अब है काम की चीज

अब वह मिलेगी
बनते मकान के मसाले में
फिर पलस्तर नया होगा
तो याद करेगी
किसी कथा-सी

एक नदी थी
जो बह रही थी
एक मकान है
जो खड़ा है थिर

फिर क्या होगा
पूछने को उत्सुक नहीं
कोई बच्चा
कोई बूढ़ा
कोई जवान

उत्सुक नहीं, रेत की कथा सुनने को
बहती नदी में बहने को

वैसे किस्से की तरह
बहुत कुछ है कहने को
इस मकान में इस गली में इस शहर में
इस देश और दुनिया में
बहुत कुछ है सहने को

सो सहता हूँ चुपचाप
जैसे सहती है रेत
सुनसान मकान की
नई दीवार पर
बदलकर अपना रूप
कभी देखती है धूप जाड़े की
कभी बौछार बारिश की

पर दूर उस नदी से
जो उसका हृदय थी कल तक

जैसे बारिश

अनेक रूप धरती है
कोई चीज
जैसे बारिश

इसके बाद कहाँ जाओगे तुम
किन घने घुप्प बादलों में
खोजोगे अपना धवल चन्द्रमा
कहाँ ?
किस अनाम द्वीप के
निर्जन समुद्र तट पर
खत्म होगी यह यात्रा
जो शुरू हुई अभी
इस अचानक बारिश में

और देखो
जिस जगह ठिठककर खड़ा है सवाल
वहाँ दोस्त का मकान बन रहा है

भविष्य एक आलीशान इमारत है
पर उसमें किस कदर अँधेरा है इस वक्त

बूढ़े पीपल पर फड़फड़ाते हैं चमगीदड़
लौटते पक्षी आपस में बतियाते हैं

नींद के पहले का दैकिन अँधेरा
उसमें अपनी थकान को निचोड़ती
औरत ने, आँचल से बाँधा है अपनी बच्ची को
बढ़ाई गई दूकान को कांवड़ों पर लादकर
घर लौट रहा है कोई मर्द
क्या वह जानता है इस विचित्र बारिश को
जो बरसती है मेरे सीने में

ऋतुचक्रों की सारी पहचान मिटाकर
बन जाती है धूप
या चट्टान एक छोटी पहाड़ी
फिर रुख बदजात गली

नामर्द शहर
सुखी लोगों की तरह
इत्मीनान से सोते-जागते
धूसर मकान,

उसे अभी घर कहा मैंने
और बह गया चाँदनी के
एक अवास्तविक सैलाब में
वह छोटी सी डोंगी रुकी
झाड़ियों से सटी एक उजली पगडण्डी पर

वहाँ अपनी विस्मृति में
उतान सोई औरत
सहज भाव से सौंप रही थी
अपनी देह का अकूत ऐश्वर्य

इस बदहवास वक्त में
उससे मत कहो रुकने के लिए
बह जाने दो अपनी इच्छा की आँधी में

देखो बारिश थम जाने के बाद भी
पहले की तरह काला है दृश्य
सूराख से आँख टिकाकर
एक-टक निहारते हुए

एकदम पत्थर हो गया है दिमाग
फुर्सत का वह सुनहरा खयान
अभी माथे पर हाथ धरे
बैठा है गुमसुम
एक काला धुमैला शोर है
बदन पर कीड़ों की तरह रेंगता हुआ

क्या यह अदृश्य पत्थरों की बारिश है
या महज एक तफरीह
जिसकी सतह पर तिरते हैं
जुगनुओं की तरह कुछ शब्द

अश्वारोही

अश्वारोही निकले हैं
अपनी विजय यात्रा प्रर
असंख्य वक्षों को रौंदते
उनके अश्व हिनहिना रहे हैं

एक बच्चा भयभीत
दुबका है समुद्र तट के गाँव में
एक मछली
आखिरी उम्मीद की तड़प में
अन्तिम बार चमकती है
हिंसा की लपट में

वहाँ नहीं है कोई घर
या बगीचा
फूलों की खुशबू
या बच्चों के खिलौनों के लिए
कोई जगह नहीं
उनके इश्तहार में

एक जलपाखी अभी-अभी उड़ा
पानी की तेलरची सतह से
और फड़फड़ाकर ढेर हो गया
खून में नहायी जमीन पर

मन्दिरों में तब भी बज रहे थे घण्ट
शंखध्वनि मन्द नहीं पड़ी थी
केवल ईश्वर
असंख्य लाखों की तीमारदारी में पस्त
अवसन्न ताक रहा था
अनन्त शून्य से

अश्वारोही निकले हैं
अपनी विजय यात्रा पर
उनकी असंख्य तलवारें
चमचमा रही हैं
मई की तेज धूप में

कामना

इस निपट परिचित और फिजूल समय में
व्यस्तता और दासी के अलावा
हलके बुखार और आलस की तहों में
लेटी है जो चीज
वह औरत नहीं है

पंखे से टकराकर बेदम होती
चिड़िया की काँपती उड़ान-सी
कामना है रंगहीन

आखिरी विस्मय

अदृश्य आवाज के बिस्तर पर
मैं लेटा हूँ चुपचाप
निस्पन्द शरीर का आखिरी विस्मय
आँख से निकलकर
उड़ रहा है
अधरात के ओंकाश में
एकाकी बगुले की तरह

सुनो
उसे देखो
और मुझे याद करो

कोई आवाज

कोई आवाज
बनाती है तस्वीर
कोई तस्वीर
लिखती है शब्द
कोई शब्द
रचता है वृक्ष
कोई वृक्ष
गाता है
बारिश के साथ
ठीक उसी वक्त
रात की आवाज
और तस्वीर
सीने में छिपाकर
कोई रोता है चुपचाप
अपने सुनसान में

राजधानी का अखबार

राजधानी के अखबार में
एक भी समाचार नहीं है
मेरे शहर का
मेरे या तुम्हारे घर का स्मरण
क्या करेगी राजधानी
क्यों भरेगी राजधानी
मेरा या तुम्हारा जुरमाना ?

जुर्म क्या ?
पूछता है वकील शहर का
जुर्म कुछ नहीं
कहता है वकील शहर का
इस बीच हर घर
भरे चला जाता है जुरमाना

इस विचित्र ताने-बाने से बुने वस्त्र को
इस महान धार्मिक अस्त्र-शस्त्र को
जीवित रखने के लिए
राजधानी बनी है
हर गाँव से योजनों दूर
दिल्ली या भोपाल में

पाँच या तीन या एक साल में
एक बार
एक लाख साठ हजार
या दस लाख बासठ हजार घरों से
आदमी निकलते हैं बाहर
और जात और धरम और भाषा की

मुकम्मिल तफसील में
बन जाते हैं संख्या

सो मैं एक संख्या हूँ
जैसे हैं असंख्य भारत भाग्य विधाता
याने मतदाता

उसका नाम-गाम काम-धाम पता-ठिकाना
जानकर क्या करेगी राजधानी
क्यों भरेगी राजधानी वो जुरमाना
जो मुझे भरना है
बगैर किसी जुर्म या अपराध के
जैसे मैं मरता हूँ हर रोज
जैसे मैं भरता हूँ हर रोज
और नहीं छपती खबर
राजधानी के किसी अखबार में

बड़ी सड़क पर

माँ के पीछे-पीछे चलती बच्ची
छोटी गठरी सिर पर लादे
छोटे-छोटे स्वच्छ इरादे
अभी सड़क पर आ जाएँगे
माँ और बेटी दोनों

बड़ी सड़क पर कारें होंगी
और तेज रफ्तार
भारी भरकम जेबें होंगी
और बड़ा बाजार

आप बताएँ
किस दरवाजे जाकर बिकना है ?
आप बताएँ
किन पैरों के नीचे झुकना है
आप बताएँ,
कौन बनेगा जिंस
कौन खरीदेगा ?

बच्ची की गठरी के सपने
जिंस बन गए
जिंस बन गया उसकी माँ का दर्द
बेच रहे हैं हम, बच्चों की सुन्दर तस्वीरें

कौन खरीदेगा ?

बेच रहे हैं अपनी कविता, अपना गाना
अपने तन का खून
हे ताकतवर कानून
तुम्हारी शरण आ गए हैं
माँ और बेटी दोनों

बड़ी सड़क पर, देख रहे हैं
ऊपर कितने तारे, कितने तारे
कितना निर्मल है आकाश
डूब गया है उनका छोटा गाँव
डूब गया है सूर्य,

माँ और बेटी दोनों
देख रहे हैं
बड़ी सड़क के एक किनारे
चूल्हे जलते हैं, भात डबकता है

देख रहे हैं दोनों
बड़ी सड़क के एक किनारे
खड़े-खड़े चुपचाप।

हवा का खेल

दो बड़ी शाखाएँ खड़ी हैं आकाश की ओर ताकती
चमत्कार की तरह अदृश्य है आधार
उगा है हवा में यह वृक्ष
गर्मी की शाम, राहत का सुख
हवा का खेल है
शामिल खिलाड़ी को नशे की छूट है
उड़कर चला जाए जहाँ मरजी हो
छतों पर फदकती चिड़ियों से बेखबर
बच्चों में से एक उड़ गया
अपनी पतंग के साथ
इस पराए शहर से दूर बहुत दूर

झूठ की इसी हद पर
दिखेगा स्कूल के पीछे का नाला
दिखेंगी इच्छाओं-सी चमकती मछलियाँ
थोड़ी दूर पर
हरी पहाड़ी के उस पार
साबित बचा होगा जंगल का प्राचीन-रहस्य

पीपल के पेड़ के आसपास
नहीं होगा एक भी मकान
ताड़ की तरह लम्बा
सिर से पैर तक असंभव सफेद

एक जिन्न का डेरा है यह वृक्ष

धड़ाम से गिर पड़ा सायकिल सवार
खटाक से बन्द हुए, खिड़की के पल्ले
प्रेम किया सरे बाजार
एक लड़के ने लड़की से

घुटनों तक पहने थी
हरे रंग की साड़ी वह लड़की
शहर में शोर हुआ
दंगे में उजड़ गया
मुसलमान दोस्त का घर

पता नहीं किस बीमारी में
इस कदर दुबला गई नदी
किस फसाद में
उजड़ गए घाट

पीपल के पेड़ के आसपास
सचमुच नहीं है एक भी मकान
सिर से पैर तक असंभव सफेद
जिन्न की डरावनी टाँगों-सी
लटकी हैं दो शाखाएँ
हवा अपने जादू का खेल खत्म कर
चली गई है अपने घर।

ठूँठ

नंगी कर दी गई पहाड़ी पर
अभी सिर्फ एक वृक्ष है
और वह भी ठूँठ

गाओ,
अगर गा सकते हो
इस ठूँठ के गीत

पहाड़ के चट्टानी सीने पर
इस वृक्ष की स्मृति में
लाखों फूल हैं
और एक समूचा जंगल।

देश को दूकान की तरह सोचते

पैरों के नीचे की जमीन
खिसकी नहीं
मुहावरा जरूर याद आया
एक किताब में, अन्य भाषा में
छपे अक्षरों ने दिखाया
उसका अभी का समय
जबकि डगमगाते पैरों को सम्हालने
सम्हालने की कोशिश में
वह लगभग घूरे ही जा रहा था
पेड़ की तरफ

शहर के पेड़ में
शहर की खबर थी
और बेखबर चाँदनी
अदृश्य उँगलियों के बावजूद
पेड़ खड़ा था मन मारे
जैसे मैं बैठा था बिसाती की दूकान पर
वैसे वह खड़ा था
ताकते आसमान को

दूकान को देश की तरह सोचते
थोड़ी देर गुस्से में तमतमाकर
मैंने जब स्कूटर स्टार्ट किया

तो पेड़ ने धुएँ की ताजा मार पर
स्कूटर को ईश्वर की तरह जानकर
एक गाली निकाली भद्दी
राजगद्दी पर बैठे नेता ने

उसी पल फूल बरसाए
हवाई जहाज से
वानर-ईश्वर की
सबसे ऊँची मूरत पर

कुलजीत की कविता पढ़कर

सुनकर दहशत हुई
दीखी सामने की सड़क
रक्तस्नात सुनसान
खेल का मैदान गायब हुआ
बन्द हुई पाठशालाएँ
नदी की ओर जाती स्त्रियाँ
चली गईं ज़ैसे सबकी सब
एक साथ उस पार

सोचकर दहशत हुई
कि कटे सिर, जख्मी शरीर
लाल ताजे खून से मनेगा
राम का विजय पर्व
इस साल अगले साल
और अगले साल
लोहे के बख्तरबन्द लोग
लोहे की गाड़ियाँ
लोहे के हाथों से पूजा करेंगे

देखकर दहशत हुई
सब चुप सब सुखी सब मगन
चल रहे हैं रक्तस्नात
सड़क पर
बेखबर बाजार से घर

घर से बाजार

जानकर दहशत हुई कि कथा में
हर कहीं
मेरा हृदय
मेरा समय
मेरा भय
रक्त-सा बह रहा है चुपचाप
मैं खुद देख रहा चुपचाप
रक्त सने वक्त को
दर्पन मन में जीवन में
हर पल

ओझल आत्मा के खण्डहर में
ईश्वर मरता है
लाश की शिनाख्त को
आता है दारोगा, आता है डॉक्टर
आते हैं न्यायाधीश
आते हैं नेता और अभिनेता
उसी सड़क से
बिलकुल बेदाग निर्मल निर्विकार
लौटते हैं उसी रस्ते से
लाश को भूलकर

हे ईश्वर !
ये तेरे भक्त
यह तेरा रक्त / यह तेरा वक्त

तुझी को मुबारक हो
मैं तो चला अपने घर
क्या पता इस बीच
वह भी हो न गया हो खण्डहर

चेहरा

अचानक मशीन खराब होगी
और एक सुन्दर लड़की के चेहरे पर
छा जाएगी
घरघराती आवाज

कहीं से
गिर रही होगी
अदृश्य राख

परदे पर
चेहरा
असंख्य सफेद बुँदकियों में
झलमलाएगा दो पल

और फिर
स्याह होकर चला जाएगा
अमावस के आकाश में

सरकार ने कहा

कुल्हड़ से चाय पीती आत्मा ने
अनमनाकर देखी अपनी शक्ल
कोई धमाका नहीं हुआ,

नृशंस हत्याओं के समाचारों के बाद
सीने तक आती खट्टी डकार के साथ
उसने जाना पेट भरे होने का दुख

उस वक्त एक आदमी दीवाल के किनारे
पेशाब कर रहा था
यह पेशाब करने का समय नहीं है
सरकार ने कहा
दूरदर्शन ने भूल-सुधार के लिए
इलेक्ट्रॉनिक हरूफों में लिखा
समय को जगह पढ़ें
और आपस में खूब लड़ें।

आखिर प्रकृति की सीख यही है
और कविता की भी
कि एक शब्द को दूसरे से लड़ाएँ
और अपने-अपने प्रभु के गुन गाएँ
गुनगाहक सिवा प्रभु के
और कौन बचा है दुनिया में ?

कहने वाले ने
अपने झोले को गौर से देखा
और ताजा तुरई के स्वाद में डूबकर बोला
इस देश का खुदा ही मालिक है।

देश नहीं; दुनिया कहिए हुजूर
जाकिर हुसैन दूरदर्शन के परदे पर
थपथपाए

तबले के साथ बजती सारंगी का आविष्कार
मुसलमान ने किया था या हिंदू ने
इसका फैसला कोई अदालत नहीं कर सकती
हम करेंगे
आधा दंगे के पहले
और आधा

जी नहीं, बहुत ज्यादा हो गई
फिर मिलेंगे
गर खुदा लाया

लिखो

उधर से आती हुई हवा का नाम
लिखो
लिखो
कागज पर आसमान का रंग
पेड़ का खेल
तालाब का दुख
लिखो

लिखो कोई शब्द
जो हरी दूब पर
ओस-सा चमके

जो चाहो वो लिखो
मगर लिखो
इस कागज पर कुछ अक्षर
क्या पता यह खेल आखिरी हो
क्या पता शुरू हो रहा हो

लिखो कुछ भी नहीं पता चलने वाले
रसभीने समय की याद
हिमधवल पर्वत शिखर
बर्फ पर फिसलती सुन्दर लड़कियाँ
उनके बस्तों के नीले रंग से

उलझता
एक कम नीला आसमान
या महज उस आकाश के
अनन्त सुनसान और अदृश्य भय की
कोई कल्पकथा
लिखो अपनी व्यथा
हर शब्द हर अक्षर में
लिखो, सिर्फ लिखो

पुरातन पुष्प

किताब के जर्जर पन्नों के बीच
कहीं पर दबा है
एक फूल

उदासी
उसे उड़ा ले जाती है
अन्तरिक्ष के स्वप्न में

भूल जाती है
किताब में छपे
सुख-दुख के सारे सांसारिक शब्द
और अन्त में
भूल जाती है
खुद अपने आपको

और अभी सिर्फ
पुरातन पुष्प की
अभिलषित उड़ान में
जल है बूँद भर
आसमान के अजनबी विस्तार का

देखता हूँ पेड़

क्या सोच रहा हूँ
सोचकर
देखता हूँ पेड़

शायद उसी ने उछालकर
अभी मुझे खड़ा किया
धुपाते तमतमाते आसमान में

या उसके नीचे
आँखें मीचे देखते
अधनंगे आदमी के पास

उसी की छाँह छूकर
अचानक बिस्तर पर
पड़ा-पड़ा दौड़ने लगा मैं
सचमुच की छाया की ओर

शायद इस भाग-दौड़ के आखिरी छोर पर
है मेरा घर
सोचकर देखने लगा
दीवार का मीठा गुलाबी रंग

शायद उसी ने पुकारकर कहा
शायद नहीं कहा कुछ भी
महज रंग रहा संग
पेड़ से धूप और धूप से
छाँह की राह में
आसमान और पृथ्वी के भरम-सा
कोई रंग

दीवार की देह
या देह की दीवार का घेरा
शायद इतना भर मेरा अधिकार
मेरे स्वीकार-सा लाचार और पस्त
एकाकिनी दुपहर का
खास, बिलकुल खास मेरा वक्त

मुख्यमन्त्री का भाषण

मुख्यमन्त्री ने भाषण में कहा
वे जनता के सेवक हैं
सेवकराम भीड़ में सुलगता हँसा

कहाँ आ फँसा कवि
घर में मीठे आम का रसदार मौसम था
अमचूर के लिए सुखाई जा रही थीं गुठलियाँ
पिछले साल की किसी गुठली से
पैदा हो चुकी थी सन्तान
अगले साल की फसल के लिए
इन्द्र भगवान का यज्ञ हो रहा था
पुटकापुरी में

जनम की घरघुसरी जनता को
इस चतुर आत्महन्ता से
कौन सी दुश्मनी भुनानी थी
कि मुख्यमन्त्री की सेवकाई बात सुनकर
हँस पड़ा यह सेवकराम

दुहरे जेठ के दो बजे का घाम
जनता के घर गाँव का सुलगता समय था
कहाँ आ फँसा कवि
सुन्दर चिकने भय के समय से बाहर

जबकि दहकते बबूलों के चित्रित उजाड़ में
नंगे पहाड़ के नीचे
लगाए जा रहे थे
मुक्त मतदान के सरकारी पोस्टर
घर-बाहर सभी ओर
एक ताकतवर अजनबी शोर
खींच रहा था समूचे गाँव को
एक उजड़े खेत की उबड़खाबड़
अनजुती धरती पर

यहाँ नहीं है मेरा घर
और अगर हो तो भी
मैं दूँगा वोट
लूट-खसोटकर
पहले मेरी लँगोट का बनाया पोंछा
फ़िर चमकाई अपनी कार
और अब सर्र से निकल जाओगे
पीछे-पीछे जाएगा गुलाम तामझाम

सेवकराम यहीं रहेगा
दुहरे जेठ की दुपहर के घाम में
हँसकर कहेगा
कहाँ आ फँसे कवि
जाओ अपने समगोत्रियों की जमात में
वहाँ रसभीगी बरसात में
बेगम अख्तर की ठुमरी सुन रही होगी
तुम्हारी औरत
तुम्हारे इन्तजार में।

घर : कुछ कविताएँ

(अक्षय उपाध्याय के लिए)

बनते चाहे कहीं भी हों
घर बसते हैं
हमारे सीने में
और सभी
बचते हैं

हमारे बाद
या हमारे पहले
हमारे घर थे
जैसे हम हैं अभी
अपने घर में
बिलकुल वैसे ही
हमारे घर थे
हमारे पहले
और हमारे बाद

होगा कहीं एक घर
जहाँ बारिश के इन्तजार में
एकटक ताक रही होगी
कोई लड़की
घर से बाहर

कहीं दूर
बसाएँगे हम अपना घर
कहकर हम निकले
और दूर नहीं थी
कोई भी जगह
हमारे घर से

स्वर
धीरे-धीरे-धीरे
आया
और
बन गया
घर

घर और कुछ नहीं
कागज पर
लिखे गए
दो अक्षर हैं

नील निलय का रंग हुआ स्याह
तीक्ष्ण विद्युतरंगी तरंग एक
उजाल गई मेरा घर
अचानक अधरात की हवा ने
छुआ मेरा बदन
अचानक अधरात की हवा ने
अभी बारिश की हवा में
बन रहा है
उस लड़की का घर
कल
बारिश में नहाएगा

और परसों बह जाएगा
वन्यालुप्त समय में
कागज की नाव-सा

दूर की पहाड़ी
झमाझम बारिश में
कितनी बदल गई लगती है
या क्या पता
यह उसकी नन्ही बेटी हो
जो नंगी नहा रही है
घर के बाहर
एक पेड़
और एक तोते के साथ

हवा से नहीं
नहीं हुई मुलाकात
बरसों से
वह शायद
शहर छोड़कर
चली गई है अपने घर

काले आकाश को
एक घर दो
ताकि वह वहाँ से निकले
और भीगे इस बारिश में
हमारी तरह

बसाए अपरा घर
क्षितिज को चूमकर
लहलहाकर हरियाली में समा जाए

मिट जाए उसकी ऊँचाई का भरम
वह हमारी तरह
पार्थिव हो जाए
और बसाए अपना घर
इस पृथ्वी पर

ईश्वर
हर पल सोचता है
एक घर के बारे में
जहाँ उसकी पूजा न हो
वह सिर्फ वहाँ रहे
और देखता रहे
आँगन में खेलते बच्चों को

वहाँ बारिश है
और एक सहिजन का गाछ
भीग रहा है
घर में
कोई गा रहा है गीत
बिरहा के स्वर में

जैसे मरना

कठिन है शुरू करना
जैसे मरना

लम्बी यातना भरी दुपहर
देह के भीतर
चिपचिपाती रात
और ज्वरग्रस्त सुबह के शब्द
लिख रहे हैं कथा उसके जाने की

पूछने पर कहते हैं
कठिन है लिखना
ठीक-ठीक वैसा ही दिखना
जैसे हम हैं

कैसे ?
सहमकर पूछता है एक शब्द
दवाओं की आलमारी से निकलकर
बैठ जाता है उसके पायताने
उसे अनुपस्थित मानकर
वह फिर मूँद लेती है अपनी आँखें
तब कराहों के बीच कभी कभार
झाँकता है विगत का अवसन्न प्यार

जैसे संसार की आखिरी निशानी-सी
दीखती हो नन्ही गुड़िया
नन्हे दाँतों से मिठाई कुतरती
मिट्ठू की तरह बोजती
सिखाई गई जुबान

जैसे जाने की तैयारी के लिए
पुकारता हो टुकड़ा भर आसमान
और कपड़े बदलने की इच्छा के बावजूद
वह उन्हीं कपड़ों में चली जाती हो

जैसे अशब्द गाती हो गीत
हिमशिखरों की स्मृति के साथ
पिरोती हो दक्षिणी हवाओं को
लहराते समुद्र की कथा का अनन्त
उमगता हो
पलाश फूलों के क्षणभंगुर वसन्त में
तेज भागती रेलगाड़ी में
पास बैठे सहयात्री का हाथ छूती हो
और अलविदा कहकर
लेट जाती हो
धड़धड़ाती ट्रेन की पटरी पर

बसता हो उसका घर
अदृश्य पीड़ा के विचित्र शहर में
उभरते हों चित्र
कभी जंगल के हृदय में
कभी घर के
भावुक बोझिल पारिवारिक समय में
और और और चलते ही जाने को कहती

कोई भूतनी
फुसफुसाती हो कान के करीब

कठिन है मरना
बिलकुल जीने-सा कठिन
और रहस्यपूर्ण

अकेलापन

जो है मेरे पास
वही दे सकता हूँ
जैसे अकेलापन

वैसे अकेलापन किसके पास नहीं है ?

सोचो तो / अकेलापन विचित्र अनुभव है माया का
और देखो तो
हवा में बनते-मिटते सैकड़ों चित्र
चलो तो / एक लंबी सुनसान सड़क पर
भोर के तारे-सी स्मृति
और डूबो
तो बचपन की वह जगह
जहाँ खेलते थे
पानी के भीतर
छूछुआउल का खेल

बिलकुल बेमेल दृश्यों की दौड़ में
ठीक मेरी हँफनी के ऊपर
छतनार छाँह नीम की
नन्हे मन्दिर के चबूतरे पर
झुको
तो अकेलापन प्रार्थना है
गले तक पाप में डूबी
इस समूची तवारीख की

शरीर

(दिलीप चित्रे और राजेन्द्र किशोर पण्डा के लिए)

शरीर के भीतर कुछ होता है
एक लम्बी, आधी अँधेरी सड़क है
टटपूँजिए दहशत की,
अचानक किसी झटके से तो नहीं रुकेगी साँस ?
धीरे-धीरे, पुरानी भावुक नशीली फिल्मों की तरह
हिचकियों और बातचीत के बीच
किसी बूढ़े की सुन्दर चिकनी मौत
या लपटों में जलती, कई कुलाटियाँ खाती
कोई कार
या कोई महँगी बीमारी
और चीखते थरथराते अन्तिम दिन
देखने को—बहुत सारा वक्त है इन दिनों

इन दिनों,
जबकि, भीतर, कुछ-न-कुछ होता है
किसी ने लोहे का फाटक हलके से खोला
कोई आवाज आई
बाल्टी में पानी भरने
या बर्तन खनखनाने की
पिछवाड़े के अमरूद की पत्तियों की सरसर
या कोई भी काल्पनिक आवाज
तो जिस अँधेरे में धुकधुक करती है छाती

वहाँ कितना मोह है अभी भी
कितनी तृष्णा,

बुदबुदाहट-सी खामखयाली के चारों तरफ
अहंकार की अमरबेल लिपटी है
लेकिन औरत अपनी थकान के बावजूद
बाल्टी भर-भरके
सींचती है क्यारियाँ
क्यारियों के पीछे, या कहीं भी
किसी अदृश्य सुनसान में
एक दूसरी औरत है
जैसे यह वही हो
डर और मोह के बीच, कोई जगह
जहाँ रात की चाँदनी में
झरते हैं टगर के फूल,

दुबली नदी-किनारे
रेत के अनगिनत धरौंदो के बीच
निर्वसन उत्तुंग छातियों में
अपने को विलीन करता हुआ
मेरा अकेला स्वप्न खड़ा हो
दहशत या उम्मीद से परे
अपनी इच्छा में सनसनाता
एक कठिन क्रूर सीधा वृक्ष

हालाँकि यह भी एक पड़ाव है
बेमानीपन के बंजर में
अपने को हरा देखने की चाह भी
शरीर के भीतर उगती है, तो ऐसे
जैसे किसी बच्चे ने
बारूद का साँप बाण जलाया हो

खुशी से किलका हो
फिर किसी अजनबी धमाके से सहमकर
चुपचाप सो गया हो

सोने में ही सुख है—वाली कहावत से
टलता नहीं है भय
हलके-हलके काँपता है शरीर
आँख देखती है दृश्य
कान सुनते हैं,
दुपहर या रात की आवाज
या लम्बी गप्पबाजी की चादर ओढ़कर
सुस्ताता है
चभलाता है अपनी हड्डियाँ
मेरा अकेलापन
रात के सीने पर, सिर टिका याद करता है;
घर-द्वार माँ-बाप औरत-बच्चे
सरकार तथा समाज के बारे में
बहस करता हुआ, सो जाता है चुपचाप
अपने बच्चे की तरह

नींद के भीतर भी असल में शरीर है
असल में शरीर के भीतर ही है सारा कुछ
याने वो नन्ही पहाड़ी
आधी रात, जिसकी तलहटी में
एक किशोरी की कामना से खेलते हुए
मैंने सोचा था—मौत
या वो झील
जहाँ शराब की बोतल थी
और पूरे होश में थरथराती औरत
शिकारे पर बेसुध सौंप रही थी
अपनी उम्र का आखिरी फूल

और मैंने सोचा था—मौत

घमासान रक्तपात, भीषण हिंसा
दुर्दान्त कोई वज्रपात,
कोई आश्चर्यकारी दुर्योग
छिपा है कहीं शरीर में
आह !
भाषा की सारी हदों को तोड़कर
कोई गाता है बेसुध
एक पथरीला गीत,
माथे पर, सीने पर, आँखों और गालों पर
बरसते हैं पत्थर

पत्थर की रात, पत्थर के दिन
पत्थर के समय में भी
कितना ओछा है शरीर
कि खट् के खटके से
बढ़ता है हाथ तिपाई पर रखी शीशी तक
आँख झाँकती है बाहर
डर
उड़ता है, पल भर एक अदृश्य लहर में

खिल रहा है सामने के बंगले का ताड़—वृक्ष
खिड़की से झाँकती है लड़की
उलझती है आँख,
एक नए खेल में
पर भीतर
अभी भी है डर
अभी भी है मौत की हविस

एक काले समय की प्रतीक्षा में
हर बार

शरीर की तमाम समझदार हरकतों में
मद मोह लोभ और ईर्ष्या से भरी
इस आदिम स्त्रोतस्विनी में
काई और कीचड़, जल और सिवार
नदी है अभी भी,

शहर के राजमहल की जर्जर दीवारों को
बारिश के दिनों में सहलाती
नदी में
राजसी इच्छाओं का वेग है
सामसी स्वप्नों का संगीत
और बेशुमार भयों के तोहफे

शरीर के चारों तरफ
उगती है कटीली झाड़ियाँ
उगते हैं, बेमहक बेशुमार फूल
झरते हैं, सिहरते हैं अंग
साबित शरीर की हिफाजत में
तनती है अकेली बन्दूक
जिससे न आत्महत्या की जा सकती है
न हत्या

हर बार
बजती है, लोहे के गेट की सांकल
बर्तन खनखनाते हैं
बिस्तर पर पड़ा-पड़ा
बुदबुदाता हूँ हर बार—
हे राम ! हे राम ! हे राम !

आत्मा की गठिया

पिछली ठण्ड की रजाई से निकलकर
दौड़ो इस बार
शायद यही आत्मा की गठिया का इलाज हो

धूसर बियावान में
जलते अलावों की आँच
बहुत दूर नहीं है
ऐसी कोई भी जगह
जहाँ ठण्ड गिराते आकाश की क्रूरताओं के नीचे
पृथ्वी अपनी-आग से सेंक रही है
बच्चों की नवजात देह
स्त्रियों के सुधड़ स्तन

युवकों के युद्ध
और बूढ़ों के अमर किस्से

बाघ-भालू, राक्षस-देवता
खेत-खलिहान नदी-जंगल
अकास-पाताल
सभी को घेरती, इस जलती आग में
चमकते चेहरों को पढ़ो,
दौड़कर लिपट जाओ
तय करो अपना पक्ष
शायद यही, आत्मा की गठिया का इलाज हो।

मेंढक

जाड़े के दिनों में
आई याद बरसाती मेंढक की
दरअस्ल याद आया वह गढ़ा
जिसे गौर से देख रहा था एक किशोर
वहीं उछलता-कूदता जश्न मना रहा था
बच्चा मेंढक

यकायक बड़ा होकर नजर आया
डिसेक्शन ट्रे पर उलटा
पिनों से चिपका
मोम पर मुरदा

विद्वान विज्ञान की सहायता को
मूरख मेंढक की जान निछावर हुई
मजबूरी के बलिदान से विकसित होती सभ्यता में
अब वह मुहावरे के कूपमण्डूक के अलावा
जाँच-पड़ताल का एक वैकल्पिक विषय है
जिसे पढ़ रही हैं कुछ सुन्दर लड़कियाँ
एक सुन्दर भवन के भारतवर्ष में

क्या लिखूँ ?

क्या लिखूँ
जो चारों तरफ फैले कोहराम को
दिखाए
दूरदर्शन से अलग, किसी विचित्र जबान में
जो गाए
इस घमासान में रक्तरंजित समय
और यह दुख
नन्हे कीड़े के कुचले जाने-सा
बेशिनाख्त और अनाकार

किसकी है सड़क
बहुत तेज रफ्तार को
सरकार के अदृश्य चेहरे-सा दिखाती
एक अबूझ भाषा में राष्ट्रगीत गाती
यह राह
धकियाते भागते लोगों से पटी यह पृथ्वी
किसकी रचना है ?

किसे बचना है ?
किसे बचाने की योजना है
यह राज ?
किसके नाम वसीयत कर गए हैं
राम अपनी पादुकाएँ ?

और कितने बरस बचे
बनवास पूरा होने को ?

क्या लिखूँ
जो दिखाए
इस हाहाकार की कथा में
बेमतलब बेजान वर्णन में फँसे
लोगों की गूँगी व्यथा का आकार
कौन से चित्र में
किस तूलि से अंकित हों
कि वे, वही रहें
जो हैं अभी इस पल
इस शोर में इस जुलूस में इस कोहराम में
बुदबुदाते हुए नाम
राम का

किस्सा

उसने कहा,
अगर इस रस्ते जाऊँ
और नदी के निरे
बरगद के चबूतरे पर
आँखें मूँद लूँ
तो एक लड़की मिलेगी साँवली
उमर में पकती
मगर बातों में अभी भी दूधभरी
छरहरी
एक लड़की मिलेगी
वही तुम्हें ले जाएगी
किस्से के नए मोड़ तक

किस्सा कहाँ रहा संगी
पंखे की हवा में
फड़फड़ाते कैलेण्डर के फूल हैं
वीरान बगीचे के चारों तरफ
सिर्फ इनसान
और उनके आलीशान मकान
तमाम किस्सों को लीलनेवाली
एक ऐसी रात
जो नशे और नींद के अलावा
किसी दूसरे आकार में नहीं

नहीं आती पास

वह हँसी
एक बहानेबाज शरीर को
लगभग कई-कई रातों से कुतरती
नंगी औरत के इश्तहार में
सिर से पैर तक डूबे
मुझ बेसहारे को उसने सीने से लगा लिया
और कनपटियों को सहलाती-सी
चूमती हुई बोली
किस्सा होता कहाँ है रज्जे
वह तो गढ़ना पड़ता है।

भोपाल

एक रात भोपाल में
रंगबिरंगे शैतान उतरे
आसमान से

और हलक से नीचे
और पेट के नीचे
और आत्मा से नीचे
बहुत नीचे जाकर
चीखकर बोले अपनी पितृ भाषा में

दूर किसी सँकरी गली में
किसी लम्बी सड़क किसी सुनसान मैदान
किसी टूटते मकान किसी झूठते शहर की
अधरात में
सुनी आपने उनकी वह चीख
और अगर कपड़ों से नाकनक्श से
चालढाल से रहन-सहन से
आप खुद लग रहे हैं
उनके नाते-रिश्तेदार
तो बरखुदार,
भोपाल की उस शैतानी रात में
अपने आपको देखिए थोड़ी देर

आत्मा के ऊपर
पेट के ऊपर
हलक के ऊपर तक
आ गया है
पाप आपका
टेंटुआ दबाता
पूछ रहा है
उस रात का हिसाब

उस रात की शराब
उस रात की औरत
उस रात का बिस्तर
क्यों आप बने
अपनी नन्ही चाहत के
असीम आकाश को छोड़कर
क्यों आप उड़े
भोपाल से दिल्ली
दिल्ली से
मास्को या न्यूयॉर्क तक

रात

इस रात के सीने पर
कोई नाम लिखो
जैसे धीमी हवा
हलकी-सी ठण्ड
एकदम सुबह-सुबह का मीठा सपना
या यहाँ से वहाँ तक फैला
कोई घुप्प घना जंगल

जहाँ सुनी जा सकती हो
सिर्फ दोस्त की साँस
फिर हलके पाँव चलकर आती
कोई नन्ही नर्म रोशनी की लकीर
भूरी खपरैलों को ताकती दो आँखें
दुख
जहाँ थोड़ी देर बिलमे
चाहे तो सो सके
फुर्सत की एक छोटी नींद।

देवशिशु

बदरंग चट्टानों से भरी
एक छोटी पहाड़ी के
वृक्षविहीन सीने पर दौड़ता
देवशिशु

अजब झुँझकुर में छिपे
अद्‌भुत जलस्रोत के रहस्य में
आता है

अचानक
बड़ा होकर
बन जाता है
हत्यारा
एकान्त के
आदिम स्वप्न का

भारतमाता

शायद यह भारतमाता हो
सोचकर मैं हँसा अपने
अपने उछलते जुमले पर

चाय बनाना खत्म कर लड़की बोली
चाय तैयार है

अनसुनी करते
मैं उसे ले गया
सपनीले सुनसान में

शायद कल यहाँ दंगा हुआ हो
लड़की बोली

मैं डरा
अपनी सम्भावित हत्या के खतरे से
डरा अपने आप से
उस रात
भारतमाता की काल्पनिक तस्वीर को
गौर से देखते
जब मैं गया
रात के बिस्तर पर

शायद वहाँ मैं अकेला था
शायद लगभग मृत

हे राम

चींटियों को देखते कटा कुछ पल
फिर आई छिपकली
भोंपू बजाती गुजरी कोई कार
बुहारकर कमरा, अपने घर गई महरिन
शाम पाँच बजे से रात हुई
चार नवजात पिल्ले मोंगरों के आसपास
बचपन के खेल की स्मृति
डायरी में कटी-पिटी लिखावट-सी
कई बरस पुराने कागज पर
कुछ धुँधले अक्षर

सोचते-सोचते कहाँ से कहाँ तक
हे राम !

सोचते-सोचते थकान से लस्त
बुदबुदाते तेरा नाम
कहाँ से कहाँ तक
धूप धूल पत्थर घर
गली राजपथ
लथपथ खून से पूरा वजूद

तेज-तेज चलती साँस
आखिरी पहली या बीच की
या बेजगह बेसमय
हे राम !

मच्छर

घटना की तरह
माथे पर बैठा मच्छर
और उड़ाने के पहले
उड़ गया
जैसे विचार

हवाई जहाज की तरह उड़ा
बम बरसाने
या बुलबुल की तरह गुनगुनाने
चला गया किसी अन्त की तरफ

यह शहर
मच्छरों के जश्न के लिए
चन्दा माँगने निकल पड़ा
बाज़ार के दातारामों की दूकानों तक
फैल गया यह देश

माथे में छेदकर
मच्छर भनभनाने लगा अन्दर
मसहरी व्यर्थ और निरर्थ हुई
समय के अँधेरे घुप्प कमरे में
संग्राम की कोशिश में
बीच-बीच में बजती रही ताली

शायद

शायद इस घमासान के आखिरी छोर पर
हो वह जगह
जहाँ हर शै बेवज़ह
गुनगुनाती रहती हो हर वक्त

रक्त के सनसनाते अँधेरे में
अनुमति हो निर्बाध सम्भोग की
बर्फ़ के बिस्तर पर
शायद सजे वो मधुसेज

थकान में पस्त कामना
नींद के रस्ते चली जाए
नीले समुद्र से
और नीले आसमान तक
उसका जाना दिखता रहे
खाट से उठकर
बाथरूम तक जाती
उसकी चाल में
दिखे उसकी उड़ान

जलफेन और सितारों की लिपि
पढ़ते रहने की अजब गोधूलि में
शायद करता हो इन्तजार

अपुष्प हरसिंगार

बहुत पुराने घर के सामने
शायद वो बच्चा
सीख रहा हो सायकिल चलाना
जो कल सपने में आया था

खण्डहर के वीरान उजाड़ के पीछे
शायद हो वो पहाड़
जहाँ से उतरते
वो एक बार गिरा था

घुटनों पर चोट की पहली वारदात
शायद फिर ले जाए उसे
माँ के लम्बे काले बालों में
सिर छिपाकर रोने के बाद
नींद की शान्ति तक

दो शब्द

अब्बर और दुब्बर
इन दो शब्दों का अचानक आना
दिमाग में
शरारत है ईश्वर की
या हवा शहर की ?

बदमिज़ाज बदचलन बदजात
हवा / उड़ाती-उड़ाती कपड़े
नंगा कर देती है
नदी के पास
नहाने के बेवक्त में

आधी रात के पहले
कयाघाट के बाजू से
मादरजाद नंगे नपुंसक का यह तमाशा
शरारत है ईश्वर की
या हवा शहर की ?

बेहया बेगैरत बेमतलब
बातचीत में बहाती हवा में
उड़ रहा है अभी राष्ट्रध्वज

अभी संयुक्त राष्ट्रध्वज
कहता है / रामभज रामभज रामभज प्यारे
तुझे क्या, कोई जीते, कोई हारे

सीधी सरल बात

कोई सीधी सरल बात
याद करने की कोशिश में
याद आए अपने अदक्ष हाथ
काटते पैरों का नाखून
और फिर भटकने लगा मन

भावुकता का अँधड़ फिर चला
फिर जला एक अदृश्य दीया
अँधेरे बिस्तर पर / फिर किसी ने रचा देवल
मिथुन प्रतिमा-सी देह ने
आवाज़ दी उस पार से
इस पार गायब हुई नींद

सीधी सरल बात
कैसी तो एक अविश्वसनीय
असमाप्त कथा-सी
जा पहुँची अधरात के बरामदे तक

और तब / चाँदनी में धुलती हवा का
रंग देखती / आँख की नमी ने
लिखा एक गीत
भोर की ओसभीगी दूब पर
नंगे पाँव चलती
परछाईं का।

आँखें हैं छलछल

बहुत कम शब्द हैं
बहुत ज्यादा घमासान को
लिखने में असफल

मेरा दुख
पंखे की घूमती परछाईं-सा
एक आकार
दीवार पर

मेरा घर
हर शहर से बाहर
हर देश से दूर
हर दुनिया से परे
एक अनलिखे वाक्य में
अचानक गायब हो गए
शब्द की प्रतिध्वनि-सा
गायब हो गया

तब मैंने जाना
बहुत कम शब्द हैं
बहुत ज़्यादा घमासान को देखती
आँखें हैं छलछल

चुपचाप रोने की जगह

भड़भड़ाते दिमाग़ में
सनसनाता सन्नाटा
पल भर के अवकाश में
कटते-टूटते बिखरकर गिट्टी बनते
पहाड़ का चित्र
वापसी के शुभ सगुन-सी मँडराती चील
मटियाली ज़मीन पर काले चींटे
विस्मृत अनेक जीव-जन्तु
और सनसन करता सन्नाटा

गाते हुए जाना
घाट की आखिरी सीढ़ी तक
डूबना जल में
डूबते ही चले जाना
अतल तक
थाहने वो अँधेरा
वे मछलियाँ वे केंकड़े वे साँप
जल के भीतर अचानक फँस गए
गाथा-गायक की कथा
पाताल सुन्दरी की अनावृत भीगी देह
और राजमहल में नग्न घूमती रमणियाँ
शताधिक
स्वप्नजाल का सौन्दर्य अमर

रोते हुए लौटना घर
व्याकुल अवकाश के भागते शहर की
तंग गलियों में
बेदम दौड़ती गाड़ियों से बचते
आखिरकार अटकना
अवैध शराब के अड्डे पर
डर के बावजूद
दिखावटी हिम्मत से पीना
एक साँस में
पूरी एक बोतल

अवकाश के समय में
चुपचाप रोने की यह जगह
बाहर है संसार से
यहाँ गाते-गाते
रोती है एक चिड़िया
घनी रात में
उसी का अदृश्य स्वर
सनसन करते सन्नाटे के
स्याह रंग से
लिख रहा है मेरी तकदीर
और मैं लिख रहा हूँ
सिर्फ़ कुछ शब्द

धीरे-धीरे

धीरे-धीरे सह लोगे
सहिष्णुता का लम्बा है इतिहास
लम्बी सुनसान सड़क दुपहर की
गली शाम की साँवलाई
रात क़ा अकेलापन

धीरे-धीरे आदतन
गायब होगी टीस
टेसू फागुन और रंग
असंग इस मकान में
उकेरेंगे चित्र
हृदय के समय का

धीरे-धीरे घिसती रहेंगी चप्पलें
उधड़ती रहेगी कमीजों की तुरपाई
पैंट के पॉयचे चिथड़ने लगेंगे
धीरे-धीरे इरादतन
पीने लगोगे पहले रात के वाजिब समय में
बाद में हर वक्त

अपना रक्त
धीरे-धीरे सुखाते
सहारे को पुकारोगे

खाट में टट्टी-पेशाब के बीच
आँखें मींचकर
धीरे-धीरे करोगे पार
थरथराता पुल काठ का

सावधानी और सतर्कता के साथ
बढ़ाओगे हाथ
अँधेरे की दीवार पर
दस्तक देने-सा

धीमी आवाज में
बुलाओगे उसे
गाओगे
आखिरी बार
माँ के गर्भ से
समा जाने से पहले
गाओगे वही गीत
निःशब्द निस्वन
मरण रे तुम मम श्याम समान

नियति

अँधेरे कमरे में सदियों से रखे
काठ के बक्से को खोलकर
टटोलते टमरते बुड़बुड़ाते रहने-सा
रहना है
दफ्तर की हाज़िरी-सी
हाज़िरी है हर जगह

अनन्त पतझर
पत्तों को उड़ाती बजाती
सूखी हवाएँ
या हर वक्त कानों में
पटरियों पर तेज़ भागती
ट्रेन की आवाज़

दुख तक
महज हलके सिर दर्द-सा
बेशिनाख्त
और सुख
भीड़ में स्त्री शरीर को
डर से कुहनियाते
बहते किसी हासिल का भ्रम

अज़ीब शब्द से कहीं ज्यादा अजीब है
घर-बार संसार का अनुभव
सचित्र साकार सुनसान में
किसी प्राचीन पेड़ के तने पर
चलती चींटियों की कतार में
कभी पेड़ के पूरे आकार में

पर असल में यहाँ
सुबह-सुबह रफ्तार से भर गई
इस सड़क पर
इस शहर में
अभी पल भर बाद
खत्म होनेवाले किस्से में
सदियों पहले की कथा में
रानी की पालकी ढोनेवाले
इनसान की नियति-सी
नियति है

धूप में बैठी लड़की

गीले बालों को तौलिए से लपेटकर
धूप में बैठी लड़की
चुन रही है चावल

निमार रही है, कहता
अगर होता अपने मुहल्ले में
एकाधा मासूम फब्ती
एकाधा गुदगुदाता इरादा
किसी पुराने मुहावरे-सा
खींच ले जाता गली की धूप में

खिल जाता सुनसान
मौत के बिलकुल क़रीब
शरीर में
थिरकती मछलियों-सी हरकत
और उनका उजाला
धूप से कुछ ज्यादा विचित्र
शाम की बैठक
पुआल के गद्दे पर
रात की नींद
और ढेर सारे ताज़े हरे सपने

मुहल्ले के मौसम में
चावल पछोरती ये लड़की
कोई दूसरी बनकर आती पास

मैं
उसे बहुत दूर
विलायत ले जाने के लालच में
गा रहा हूँ अभी एक फिल्मी गीत
जिसमें एक औरत नहाती है
दूरदर्शन में लगभग नंगी
और खाती है
मक्खन के साथ डबलरोटी

धूप में
चावल चुनने की जरूरत से
दूर
बहुत दूर है उसका शहर
मेरे अभी वाले शहर के
थोड़ा क़रीब है
याने थोड़ा दूर

कपड़े

एक औरत ने किस्सा कहते हुए पूछा
क्या कभी हमने सुनी वह कथा
जो हमारे कपड़े कहते हैं
जिनमें हम रहते हैं बरस-बरस

उसका इतना कहना था
कि कोसे का कुरता बोला
दादा खाना खा चुके हैं
और अब दन्तखोंटनी
याने सींक खोज रहे हैं
बिजलीगुल वाले घर में
वह मँगनी की हलकी कत्थई पैंट दिखी
फिर उसकी जेब से निकला खत
बारिश की बरसाती ने
उसे उड़ाकर पहुँचा दिया
जलतीर्थ के पास

श्यामल चेहरे के नीचे
वक्ष से चिपकी
गुलाबी चोली बोली
कि देखछो ?

तो वार्डरोब के भीतर जाने कब स बन्द
अलीगढ़ी पाजामा कुनमुनाया
पुराना समय, पुरानी किताब-सा खुला
फिर रिकॉर्ड सा बजा
और गाने लगा गीत

तभी वो नीली सुनहरी बनारसी साड़ी
हलके से मुस्कराई
जैसे कह रही हो
कपड़ों की कथा ही अमर है
उसमें रहता इनसान तो
किराएदार है
इस जर्जर मकान का

●●●